AF297645

CÉLÉBRITÉS CONTEMPORAINES

AUGUSTE VACQUERIE

PAR

LOUIS ULBACH

PARIS

A. QUANTIN, IMPRIMEUR-ÉDITEUR

7, RUE SAINT-BENOIT, 7

1883

AUGUSTE VACQUERIE

PAR

LOUIS ULBACH

PARIS

A. QUANTIN, IMPRIMEUR-ÉDITEUR

7, RUE SAINT-BENOIT, 7

1883

La chanson de Tragaldabas.

Le pêcheur sur qui la vague déferle
M'a crié, du fond des gouffres grondants :
« Contre Maria, veux-tu cette perle ?.. »
— « Merci, fils ; j'en ai trente-deux : ses dents

Hier, la nuit brodait de soleils ses voiles.
Le roi des Gypsis, me montrant les cieux ;
M'a dit : « Je la veux ! Choisis deux étoiles. »
— M'a dit : « J'ai les deux plus belles : ses yeux. »

Elle émeut la brute, et l'herbe, et la pierre
Le portier du ciel m'a dit « A mon tour !
Prends le paradis !.. » J'ai dit à Saint Pierre :
— « J'ai le paradis, puisque j'ai l'amour !.. »

— « Tu fais bien ; son ciel n'est guère enviable, »
M'a dit un seigneur parlant d'un ton doux,
« Prends plutôt l'enfer. » J'ai dit : « Merci, diable.
J'ai l'enfer aussi, car je suis jaloux !.. »

Auguste Vacquerie

AUGUSTE VACQUERIE

Imp. A Quantin.

AUGUSTE VACQUERIE

I

AMAIS il n'y eut tant de journaux en France, et si peu de journalistes.

Ce n'est pas que les écrivains manquent. Le métier d'écrire s'est multiplié; mais la facilité d'écrire a vulgarisé le métier, et le goût d'écrire, pour agir, sans autre espoir que l'action, s'est affaibli.

Le journalisme est une carrière, comme celle de sous-préfet, de préfet; l'une conduit à l'autre;

souvent elles alternent. Le journal est un moyen de publicité personnelle, pour achalander ses talents. On le quitte quand on a son tarif, pour devenir député, sénateur, ministre... Ceux qui persistent ou qui cumulent sont retenus par le bulletin financier, et non par le bulletin politique, encore moins par le bulletin littéraire. On a vu des hommes d'esprit, en passe de devenir des hommes d'État, rester les propriétaires d'un journal qui combattait leurs opinions, mais qui faisait fructifier leurs intérêts.

Un journaliste, n'ayant d'autre ambition que son journal, s'y renfermant par honneur et par fierté, refusant tout, ne se prêtant à aucune vanité de place, de ruban, de tribune, dépensant dans un labeur quotidien, mais non routinier, toujours nouveau et toujours égal, de l'esprit, de la logique, de l'éloquence, de la poésie, sans tarir aucune source; voilà le phénomène devenu très rare, et voilà précisément l'originalité d'Auguste Vacquerie.

Il pourrait faire flamber sa gloire au dehors : il la concentre en une lumière voilée, en une lampe de travail qui s'allume de bonne heure, qui s'éteint très tard, et à la lueur de laquelle il écrit, par an, 365 articles, qui sont des œuvres de style, quelquefois des chefs-d'œuvre d'ironie, et toujours des œuvres de grande sincérité.

Auteur dramatique puissant et applaudi, poète original, critique charmant et implacable, il n'aurait, dans les loisirs d'une vie de famille heureuse et élégante, qu'à écrire uniquement des livres pour continuer ses succès, pour les augmenter.

Il aime mieux s'enfermer tous les jours, depuis deux heures de l'après-midi jusqu'à une heure du matin, dans un cabinet muet et sombre, pour lire un tas de prose médiocre, y piquer des idées absurdes à réfuter, des débats stériles à faire fermenter. Il aime mieux emprisonner sa vie libre dans ce régime cellulaire, combattre, dans le silence et sans l'excitation des applaudissements, le même combat qui ne finira jamais, contre l'erreur, pour la vérité et la liberté, sans rêver le repos dans la victoire, sans se donner un but final d'épanouissement égoïste.

C'est l'assouplissement admirable d'une volonté énergique à cette *continuité des petits devoirs bien remplis,* dont parle Jean-Jacques Rousseau, et qui ne *demandent pas moins de force que les actions héroïques.* Que dis-je? l'héroïsme, c'est ce renoncement aux grands gestes, pour le geste d'un homme apprêtant tous les jours son arme et faisant modestement sa faction ; modestie à la taille de celle d'un Latour d'Auvergne, simple grenadier, quand il pourrait commander, laissant passer sans amertume et saluant parfois d'un vivat ceux qui vont se faire galonner généraux.

Faut-il plaindre ou blâmer ce poète de n'être que journaliste? cet amant passionné de la grande prose de s'être marié à la petite prose? ce tragique de s'arrêter aux grotesques? Non. Je le loue, au contraire, et je l'envierais plutôt de s'en tenir à ce vœu rigide.

Le journal, quoi qu'on fasse, reste l'arène par excellence pour l'esprit vaillant, et le tableau infini dans sa variété pour le contemplateur.

On a usé, jusqu'au dernier fil de clinquant, les vieux mots à chamarrures, d'apostolat, de pontificat, appliqués au journalisme. Joseph Prudhomme lui-même n'oserait plus s'en servir. Le journal n'est ni un tabernacle ni un autel ; ce n'est pas non plus une tribune, bien qu'on en mette partout. C'est moins que cela dans le décor des fonctions; c'est plus que cela dans la vie. C'est le foyer du théâtre politique pour les vivants ; c'est le cabinet d'études anatomiques pour les morts qui servent à la démonstration de la vie; c'est encore, c'est surtout le terre-plein pour une escrime incessante, au profit de la santé morale de tous et de la défense sociale dans les heures de crise !

Il y faut de la souplesse, du coup d'œil, l'amour de la lutte, le respect de soi, qui est la meilleure des parades et qui fait la force des ripostes, un sentiment vif de l'humanité, une méfiance ingénieuse des hommes, le don de s'émouvoir, le respect des opinions, le dédain des préjugés, la foi dans la vie, qui supplée à toute croyance, une intolérance voulue, qui est une précaution envers soi-même, encore plus qu'envers les autres, une patience de Sisyphe, une soumission sereine au labeur prévu des danaïdes, un talent robuste enfin, qui s'éparpille en monnaie, en médailles, sans rien garder pour soi, quand il emplit l'escarcelle ou le médaillier des passants.

Avec sa dépense d'idées qui refait la provision des idées, ses violences courtes qui fouettent l'esprit, ses indulgences nécessaires qui le reposent, ses injustices conscientes et sa croyance obstinée dans la justice, avec ses contradictions, ses fautes, ses sagesses, ses folies, ses trivialités, ses utopies, le journalisme est l'expansion la plus attrayante pour un homme essentiellement humain.

C'est pour cela qu'il est la tentation de tous les grands esprits de notre temps. Chateaubriand lui confiait ses haines, Lamartine ses illusions, et si Victor Hugo ne s'est pas fait journaliste, c'est qu'il n'a pas le temps ; c'est qu'il a ses annales à lui, et que son action s'exerce, comme s'est exercée celle de Voltaire, à travers tout, et que, remuant les têtes qui écrivent, il n'a pas besoin de remuer des feuilles en y écrivant. D'ailleurs, Victor Hugo et le *Rappel* sont unis par une sympathie qui équivaut à une collaboration.

Auguste Vacquerie a donc raison d'aimer son état avec une passion qui ne le rend aucunement infidèle à la poésie. La gymnastique, qui semble prendre toutes ses forces, les augmente, et sa façon même de diriger le journal prouve que pour être un journaliste excellent, il faut rester un écrivain soigneux, littéraire, un artiste délicat.

Ses premiers-Paris ont toujours une allure et un costume, l'allure du sentiment qui les inspire, le costume, pour ainsi dire local, de leur passion. Il n'a pas à en désavouer un seul comme banal. Sans recherche aucune, il trouve le rapprochement avec les grandes manifestations du génie. Shakespeare et Molière lui servent avec simplicité de témoins contre M. Buffet ou M. Veuillot. Il a le respect de l'imprimé, ce qui n'est pas fréquent parmi les journalistes. Rien ne paraît dans le *Rappel* qu'il ne l'ait lu, examiné, éprouvé ; il contrôle le moindre écho ; il revise le moindre fait divers. Voilà pourquoi, quelle que soit l'opinion qu'on ait de sa politique, ce journal est le plus correct, le mieux écrit dans toutes ses parties, et, je le dis franchement comme je le pense, par ce mérite-là, le plus digne de la popularité.

Le peuple aime le style. C'est l'insulter que vouloir l'abaisser en lui parlant argot. Il sait gré au journaliste d'une allusion très littéraire, dût-il ne pas la comprendre d'abord ; dût-il réfléchir, apprendre, pour pouvoir la pénétrer. La faveur constante du *Rappel* sans fluctuations tumultueuses s'explique donc par cette précaution délicate.

Auguste Vacquerie, en veillant avec cette ténacité qui lui prend la moitié de ses journées et la moitié de ses nuits, reste donc dans son emploi de poète et de grand lettré.

En consultant sa biographie, on ne peut pas dire non plus qu'il ait quitté la poésie pour le journal; car il était journaliste avant de s'annoncer comme poète. Il avait débuté dans *Vertvert,* dans la *France littéraire,* avant de publier *l'Enfer de l'Esprit.* La vocation de la critique chaude, intraitable, a commencé sa vocation de polémiste. Je parlerai plus loin de ses livres; je m'en tiens à son action actuelle. Elle a été décidée par toute une jeunesse consacrée à la lutte pour l'esprit, dans le *Globe,* dans la *Presse* de Girardin à ses débuts, dans *l'Époque,* où il ferraillait intrépidement contre la routine, l'académie, les pédants.

En 1848, devant le pavé rouge des journées de juin, le poète se reprocha de s'en tenir à la poésie spéculative. « Les poètes de ce siècle, dit-il, se donnent à la chose publique tout entiers, vies et pensées, la main qui écrit et la bouche qui parle, le front et la tête. »

L'Événement est fondé. On sait comment ce journal républicain fut supprimé sous la

République, à la suite de nombreux procès. L'*Avènement du peuple* le remplaça; le premier numéro fut saisi, Vacquerie condamné à six mois de prison.

On avouera qu'il était difficile de ne pas devenir journaliste fieffé, quand on avait l'âme batailleuse, après un pareil noviciat.

Le deux décembre, naturellement, écrasa l'*Avènement du peuple,* dont les six directeurs, toute la rédaction, étaient sous les verrous.

Vacquerie ne sortit de la Conciergerie que pour partir en exil. Quand il revint, ce fut pour lutter au théâtre. Les tréteaux de l'empire ne toléraient que ceux-là. Mais quand l'empire chancelant ne put retenir la liberté qui soufflait par toutes ses lézardes, en 1869, à l'heure de la *Lanterne,* et j'ajoute avec un peu de fierté, à l'heure de la *Cloche,* le *Rappel* parut. Ce roulement de tambour a fait se dresser les têtes et se hausser les courages. Les persécutions recommencèrent. Mais hélas! ceux qui prédisaient la chute, l'invasion, ne furent que trop justifiés et que trop vengés!

Le *Rappel* date de la veille de la République. Il en a marqué les premiers pas; il en gourmande aujourd'hui les arrêts. Auguste Vacquerie, resté seul chargé de la direction politique, supplée aux chers compagnons qui sont morts, et bat toujours, d'un rythme sonore, régulier, cette marche en avant, qui n'est pas la course folle, la débandade des conscrits se ruant à l'assaut, mais le pas soutenu, égal, de l'armée sérieuse, disciplinée, virile, sans impatience et sans faiblesse.

C'est ainsi que le poète continue depuis douze ans, avec une douceur inébranlable et un courage que rien ne fait mollir, cette vie âpre et laborieuse qu'il annonçait dans ses vers.

Ne s'écriait-il pas en 1848?

> J'aurai, mon grand Paris, un cœur digne du tien.
> Je sens dans le songeur éclore un citoyen.
> Je veux dorénavant suivre tout ton exemple;
> Je veux, en même temps que celui qui contemple,
> Être celui qui lutte, et mon être s'accroît
> Du serviteur de l'art au combattant du droit.
> Je ferai, méprisant l'injure et la tempête,
> Mon devoir d'homme avec ma tâche de poète,
> Et je réunirai dans le même souci
> Ce qui brille là-haut et ce qui souffre ici.

Ces vers nous ramènent en arrière, aux années de poésie pure.

J'ai tenté l'esquisse du journaliste, du citoyen. Voyons le poète; l'homme, alors, se dégagera seul, tout entier, en pleine lumière.

II

Le premier volume d'Aug. Vacquerie est daté de 1840.

Le poète sortait du lycée Charlemagne. Moi, qui allais en sortir et qui rencontrais l'auteur de *l'Enfer de l'Esprit* chez Victor Hugo, je contemplais avec une admiration jalouse cet aîné par la pensée et le talent plus que par l'âge, et j'étais désespéré de n'avoir pas aussi un volume de vers à jeter bientôt, comme adieu, à mes camarades.

Je viens de relire ces premiers vers de Vacquerie. Ma jalousie d'écolier ne me trompait pas. Ils sont, ce qu'ils m'ont paru être alors, excellents. Ils ont le timbre, le rythme et la pensée, avec un tour spécial d'ironie, d'esprit, qui est l'originalité du poète.

Peut-être sont-ils moins jeunes de sentiment que les vers de la virilité. En 1840, on débutait vieux, mais avec une sève qui trahissait la mode. Le titre du livre, les premières pièces ont une allure sombre, une ironie de blasé. C'était convenu.

Il en est de la première mélancolie comme du premier essai de cigare. On s'y applique par désir de paraître un homme; parfois on se donne réellement mal au cœur, et certains cœurs faibles gardent toute leur vie le malaise contracté d'abord par vanité.

Mais quand, par bonheur, et l'on pourrait presque dire par hasard, il y a un homme d'un prodigieux esprit dans le poète, ces mélancolies restent un tintement harmonieux du début, sans tirer à conséquence. La véritable tristesse que donne plus tard la vie raille et égaye cette fausse tristesse de vingt ans. La nature, mieux comprise et plus nécessaire, révèle ses consolations. La société provoque le citoyen dans le rêveur; l'action force la pensée à se maintenir haute et droite, au milieu de tous ces souffles qui s'entrecroisent, et le poète chante pour ne pas pleurer, comme il pleurait jadis pour ne pas chanter.

A. Vacquerie a raconté, dans *Mes Premières années de Paris*, comment son admiration pour Victor Hugo fut l'aimant qui l'attira de province et le fixa invariablement à Paris.

C'est le privilège du génie, et c'est même un de ses signes distinctifs d'avoir des clients étroitement liés à sa vie ; mais c'est une des gloires et une des joies de ces clients de l'idéal, qu'ils ne courent jamais aucun risque de s'absorber dans la grande lumière qui les aspire.

Je dis jamais. En effet, dans les arts, dans les lettres, ceux qu'on appelle les maîtres ont ce monopole de ne pouvoir faire des élèves. Les artistes et les écrivains de second ordre ont seuls une classe et des écoliers.

Vacquerie, dans une pièce adressée à son ami Paul Meurice, au début de ce volume, *Mes Premières années de Paris*, dit excellemment :

> Ce fut ma bienvenue et mon bouquet de fête
> De te trouver logé dans le même poète.
> Notre amitié naquit de l'admiration.
> Et nous vécûmes là, d'art et d'affection,
> Habitants du granit hautain, deux hirondelles,
> Et nous nous en allions dans l'espace, fidèles
> Et libres, comprenant, dès notre premier pas,
> Qu'on n'imitait Hugo qu'en ne l'imitant pas.

Auguste Vacquerie a satisfait sa passion littéraire, en aimant, en admirant Victor Hugo ; il a servi sa raison, son talent en ne cherchant pas à devenir un de ces clairs de lune qui ne sont les reflets que des faux soleils.

Dans ses volumes de poésie, dans ses volumes de prose, dans les *Profils et Grimaces,* ces études de critique si fines, si fortes, si alertes, dans *les Miettes de l'histoire,* qui ont été la saveur du pain de l'exil, dans son théâtre, *Tragaldabas, Souvent homme varie, les Funérailles de l'honneur, Jean Baudry, le Fils, Formosa,* Vacquerie est absolument libre, personnel, original; et si je poursuivais la démonstration jusque dans l'œuvre si considérable du journaliste quotidien, du polémiste, on verrait que, sans contredire Victor Hugo, il en est si différent, il le côtoie sur une ligne si parallèle, qu'il pourrait ne l'avoir jamais connu, sans posséder un talent ou plus faible ou plus original.

J'ai dit que Vacquerie était un homme d'un esprit intarissable; sa verve quotidienne le prouve. Il a la source vraie, limpide, âcre, coulant franchement. Mais l'esprit en prose est moins rare et moins attrayant que l'esprit en vers. C'est celui-ci qui donne à la poésie d'Auguste Vacquerie sa saveur spéciale. J'ai bu en Hongrie des vins doux à la bouche, un peu âpres au gosier. Ils charment d'abord, ils réveillent ensuite. Si je citais quelques-uns des morceaux piquants, mordants, d'une irré-

prochable facture et d'un esprit de premier
ordre qui étincellent dans le volume de *Mes
Premières années de Paris*, je ferais un livre
sur ce livre.

L'esprit à petite dose peut gâter la poésie et
l'aigrir. L'esprit à haute dose, quand il se mêle
à l'émotion, lui donne un ferment délicat
qui ne nuit pas au sublime. On s'abandonne à
l'effusion de celui qui ne peut être sa propre
dupe et qui, mis en garde par lui-même, vous
défend de douter de lui, tant il en a douté
d'abord. La foi la meilleure est celle qui reste
aux sceptiques.

Auguste Vacquerie, jusqu'à présent, en attendant le *Faust* inachevé, et sans parler des
scènes dramatiques, *Hans et Marie, l'Avènement d'Henri V, Proserpine,* qui sont inter-
calés dans son dernier volume de poésie, n'a
abordé le théâtre qu'avec six pièces, dont trois
ont été des coups d'éclat et dont trois ont été
des succès incontestés.

Je ne parle pas de la belle reconstitution
d'*Antigone,* exécutée avec la collaboration de
Paul Meurice, ni de ces adaptations de Shakespeare, *Falstaff, Paroles,* qui furent les pré-
textes de la même gageure d'amitié. Je m'en

tiens aux pièces qu'il a faites seul, *Tragaldabas, Souvent homme varie, les Funérailles de l'honneur, Jean Baudry, le Fils, Formosa.*

On sait quelle chute glorieuse eut *Tragaldabas.* Ceux qui tiennent à lui reprocher d'imiter Victor Hugo peuvent se satisfaire, en disant qu'il a été presque autant sifflé que lui.

Tragaldabas n'a qu'un tort : c'est la persistance d'une ironie contre les sots, qui ne se dissimule point assez pour ne point les ameuter. Le sujet est digne de Shakespeare dans sa haute et charmante fantaisie. Un amoureux veille sur le mari de sa maîtresse, de peur que sa maîtresse ne devienne veuve par suite de quelque accident et ne l'expose à transmuter l'or de l'amour en plomb conjugal. Mais le mari si soigneusement protégé n'est pas le mari; la belle est restée fille, et, pour mieux piper un mari dans les gluaux d'un amant, feint d'être mariée; de cette façon, elle est plus libre, plus convoitée. Tragaldabas est l'enseigne qui l'achalande. Ce Tragaldabas, qui a assez d'esprit pour être un sot, se prélasse dans son rôle; il en abuse et, poltron plus qu'un lièvre, se lance à corps perdu dans toutes sortes de risques et de périls d'où le devoir de l'amant sera de le tirer.

La pièce est profonde et gaie; Frédérick-Lemaître jouait le rôle de Tragaldabas. D'où est donc venu l'ouragan des sifflets?

Du contraste peut-être de l'époque où la pièce fut représentée avec l'œuvre en elle-même. C'était en 1848, après les journées de juin; l'enthousiasme des uns, la réaction des autres étaient implacables. Une œuvre de poésie pure n'avait rien à faire dans ce tumulte. On siffla l'ironie, la verve, le caprice. Aujourd'hui on applaudirait.

Souvent homme varie eut son succès et un succès légitime.

Les Funérailles de l'honneur, un drame fier, hautain, eurent la même disgrâce que *Tragaldabas;* mais le prétexte fut différent. Sous l'empire, il était imprudent de mettre l'honneur en scène, et ridicule de lui faire des funérailles plus belles que celles de M. de Morny. Ce fils qui ne veut pas du déshonneur de sa mère n'était pas de l'époque de la reine Hortense, et l'idée de faire faire un cercueil pour y coucher cette chose impalpable en tout temps et surtout en 1861, l'honneur, parut grotesque, contraire à la réalité, impertinente pour l'opérette.

Je suis convaincu que la reprise de ce drame serait une revanche de la conscience.

Ai-je besoin de parler du succès de *Jean Baudry*?

Cette belle comédie, entrée dans le répertoire de la Comédie-Française, après une série de représentations fructueuses, a été, lors de sa reprise, l'occasion d'une très intéressante indiscrétion.

M. Régnier, le créateur du rôle de Jean Baudry en 1863, a conservé et a fait relier, dans un exemplaire de la pièce, deux lettres échangées entre George Sand et A. Vacquerie, à propos de ce drame.

Cette correspondance qui tourne à la controverse éternelle, sur la moralité et la logique des dénouements, n'est pas seulement un double morceau littéraire, exquis de forme et riche d'idées ; elle est aussi l'exposition des principes bien arrêtés de Vacquerie en matière de théâtre, la preuve du soin qu'il apporte dans la conception de ses œuvres, de la logique supérieure qu'il donne à ses héros, en même temps qu'elle montre l'enthousiasme souvent un peu para-

doxal de l'auteur de *Claudie*, pour les résolu-
tions et les révolutions féminines qui dépassent
la mesure.

Voici ces deux lettres :

A monsieur Auguste Vacquerie.

Je ne vous ai pas remercié du plaisir que m'a causé
Jean Baudry. J'espérais le voir jouer. Mais mon voyage
à Paris étant retardé, je me suis décidée à le lire, non
sans un peu de crainte, je l'avoue. Les pièces qui réus-
sissent perdent tant à la lecture, la plupart du temps!
Eh bien, j'ai eu une charmante surprise. Votre pièce
est de celles qu'on peut lire avec attendrissement et avec
satisfaction vraie.

Le sujet est neuf, hardi et beau. Je trouve un seul
reproche à faire à la manière dont vous l'avez déroulé
et dénoué : c'est que la brave et bonne Andrée ne se
mette pas tout à coup à aimer Jean à la fin, et qu'elle
ne réponde pas à son dernier mot : Oui, ramenez-le,
car je ne l'aime plus, et votre femme l'adoptera; ou
bien guérissez-le, corrigez-le, et revenez sans lui.

Vous avez voulu que le sacrifice fût complet de la
part de Jean; il l'était, ce me semble, sans ce dernier
châtiment de partir sans récompense.

Vous me direz : la femme n'est pas capable de ces
choses-là. Moi, je dis : pourquoi pas? Et je ne recule
pas devant les bonnes grosses moralités : un sentiment
sublime est toujours fécond. Jean est sublime; voilà
que cette petite Andrée, qui ne l'aimait que d'amitié,
se met à l'aimer d'enthousiasme, parce que le sublime
a fait vibrer en elle une force inconnue. Vous voulez
remuer cette fibre dans le public, pourquoi ne pas lui
montrer l'opération magnétique et divine sur la scène?
ce serait plus contagieux encore; on ne s'en irait pas en

se disant : la vertu ne sert qu'à se rendre malheureux.

Voilà ma critique; elle est du domaine de la philosophie et n'ôte rien à la sympathie et aux compliments de cœur de l'artiste. Vous avez fait agir et parler un homme sublime. C'est une grande chose par le temps qui court. Je suis heureuse de votre succès.

GEORGE SAND.

Nohant, 28 décembre 1863.

A madame George Sand.

Comme je suis fier que vous m'ayez écrit une lettre si amicale et si sincère! Mais comme je suis humilié que nous ne soyons pas du même avis sur les dénouements!

Vous regrettez qu'Andrée ne récompense pas la vertu de Jean Baudry. Mais est-ce que la vertu est jamais récompensée, ailleurs qu'à l'Académie? J'ai essayé de faire un Prométhée bourgeois; est-ce que la récompense de Prométhée n'a pas été le vautour? Et je ne sais pas qui est-ce qui gagnerait à ce qu'il en fût autrement.

Ce ne serait pas Prométhée, toujours! Le voyez-vous réconcilié avec Jupiter et bien en cour? Voyez-vous Jeanne d'Arc finissant dame d'honneur de la reine, et Jésus ministre de Tibère!

Ce ne serait pas la vertu non plus. Vous dites qu'elle est plus contagieuse quand elle est récompensée; je crois le contraire, et qu'il n'y a pas de plus grande propagande que le martyre. Supprimez la croix et vous supprimez peut-être le christianisme.

Pour redescendre à ma pièce, il me semble que Jean Baudry serait considérablement diminué, et avec lui l'enseignement qu'il personnifie, s'il était aimé d'Andrée à la fin. Je doute que Roméo et Juliette fussent touchants à perpétuité s'ils s'étaient mariés tranquilles et s'ils avaient eu beaucoup d'enfants. Je ne repousse pas absolument les dénouements heureux, mais je les crois d'abord moins vrais, ensuite moins efficaces. Je vous avoue que Tartuffe cesse presque de m'être odieux au moment où on l'arrête.

La moralité n'est pas dans le fait, mais dans l'impression du fait. Puisque vous regrettez que Jean Baudry ne soit pas heureux, l'impression finale est donc pour la vertu.

Je trouve qu'Andrée rendrait un mauvais service à la vertu et à Jean Baudry lui-même en le préférant à Olivier, qui retomberait alors où Jean Baudry l'a ramassé. Elle croit, comme Jean Baudry, qu'Olivier traverse la dernière crise du mal; elle a pour lui la même sorte de tendresse que Jean Baudry, elle l'aime pour le parfaire; elle veut être la mère de son âme, comme il en est le père. Elle *épouse* mieux Jean Baudry en ne l'épousant pas et en collaborant à son œuvre qu'en stérilisant son effort de onze années. Ce n'est donc pas par incrédulité à la grandeur des femmes, ô chère grande femme, que j'ai voulu qu'Andrée préférât le cœur imparfait au cœur parfait; elle fait acte de grande bonté et de grand courage, en choisissant celui qui a le plus besoin d'elle, non pas seulement pour être heureux, chose secondaire, mais pour être bon, chose essentielle.

Et maintenant, me pardonnerez-vous de n'avoir pas fait de mon dénouement une distribution de prix Montyon, et d'Andrée l'âne savant qui va présenter sa patte à la personne la plus honnête de la société?

Me pardonnerez-vous surtout de vous ennuyer si longuement de ma défense? Mais si je plaide devant vous, c'est que je reconnais votre juridiction; je ne réponds pas à tout le monde, je n'assomme que vous; voilà ce que rapporte le génie. Mais, pardonnez-moi ou non, moi je vous remercie.

AUGUSTE VACQUERIE.

Paris, 7 janvier 1864

Je crois que la plupart des lecteurs seront de l'avis de Vacquerie, mais l'envieront moins d'avoir triomphé de George Sand que d'avoir été contredit par une si loyale et si grande émule.

Le Fils, une autre comédie que le Théâtre-Français reprendra prochainement, mérite de faire pendant à *Jean Baudry,* dans la renommée de l'écrivain, en attendant le *Faust,* toujours promis, toujours ajourné et non achevé.

A. Vacquerie y travaillait pendant l'exil, à Jersey, et ce fut à propos d'un fragment de cette œuvre puissante que Michelet, le poète de l'histoire, écrivit au poète dramatique :

Je n'ai jamais rien lu qui m'ait autant touché, élevé le cœur. Le crescendo en est sublime.

Comment vous dire, mon cher monsieur Vacquerie, combien je vous appartiens, à vous, à votre glorieuse famille, à notre grand poète qui va toujours grandissant.

Je vous serre la main, et de cœur.

J. MICHELET.

Voilà un témoignage qui serait un présage, la veille d'une première représentation.

Formosa est le récent triomphe, mais non l'œuvre la plus récente du poète dramatique, car elle pourrait être datée de l'exil.

Je sais bien qu'un biographe est suspect, quand la continuité de la louange peut faire croire à un parti pris ; aussi je suis heureux de m'interrompre pour laisser parler à ma place un étranger, le grand poète anglais Swinburne, qui s'exprime ainsi dans l'importante revue littéraire de Londres, *The Academy* :

C'est avec un relief plus accusé, plus vivant que ne lui en ont donné Shakespeare ou Marlowe, que se dresse la grande figure du faiseur de rois, Warwick. Son âme haute et chevaleresque forme avec le caractère abject et égoïste du prétendant un contraste dont l'effet superbe n'a jamais été surpassé sur aucune scène. On en peut dire autant de l'effet produit par la mise face à face des deux héroïnes, la femme et la jeune fille. Des quatre personnages sur lesquels repose l'action de cette pièce, trois sont des types d'héroïsme. Ni au théâtre ni ailleurs, on ne trouverait de contraste plus délicieux que celui des deux amies rivales. Fletcher, qui, de tous nos poètes, s'est le plus appliqué à de semblables effets, n'a jamais réussi d'une façon aussi brillante dans ce qui était sa qualité principale. Plus haut encore et au-dessus de toute comparaison avec les tentatives analogues du même poète, il faut placer ce grand triomphe de l'art tragique qui met en face la perfidie du roi et la noblesse du faiseur de rois.

Une acclamation, en quelque sorte universelle, a déjà consacré la grande scène du troisième acte, dont l'originalité la mieux marquée, l'art le plus magistral, la passion la plus véhémente font l'un des plus grands triomphes de la poésie dramatique.

En parlant du journaliste, j'ai déjà parlé du

critique. L'ironie qui dégonfle les ambitions contemporaines met au service du *bon sens* dans les arts le même éclair rapide.

Je dis le *bon sens* avec intention. Il est manifeste aujourd'hui que le bon sens était avec l'école de Shakespeare et de Victor Hugo ; que le paradoxe et l'hyperbole étaient avec l'école de Ducis et de Ponsard.

Pauvre Ponsard ! il n'osa se démentir ; il ne s'est pas repenti tout haut, comme quelques-uns de ses amis, fourvoyés parmi les impuissants, qui ont fini par se retourner du côté des tempéraments virils. Mais la rétractation publique que son amour-propre ou que sa timidité refusait à sa conscience, il la désirait au moins dans l'intimité, et le triomphateur de *Lucrèce,* au lendemain d'*Horace et Lydie,* trois mois avant son effort le plus héroïque, *Charlotte Corday,* écrivait à Vacquerie cette lettre d'effusion et de remords.

Elle est curieuse à noter pour l'histoire de l'art dramatique.

Mon cher Vacquerie,

Je vous remercie de tout mon cœur de votre charmante lettre. Il ne s'agit que d'une bagatelle sans aucune prétention ; si elle vous plaît, je suis très content. Ils ont frappé à coups de massue sur cette petite bluette. Mes anciens amis, *inter quos* Rolle, m'ont assommé, et comme Rolle est pesant, je suis écrasé.

Je n'ai trouvé d'amis que chez mes ex-ennemis, Gautier, Meurice et vous. Mais je n'ai pas perdu au change. *Les autres s'étaient servis de moi*, mais ne m'avaient jamais franchement accepté. *Je crains bien qu'au fond ils ne détestent la poésie.*

En quoi, ils font comme le public. Avez-vous remarqué comme on a applaudi la contre-partie lancée contre les poètes? Où je n'avais vu qu'un jeu et une boutade amoureuse, on a saisi avec empressement des épigrammes, et on ne m'a applaudi volontiers que là où je me sifflais.

Enfin, c'est de votre côté, et seulement de votre côté, qu'est la vie, avec la passion, la colère, la générosité, l'amour de l'art, en un mot, tout ce qui s'appelle la vie.

Cette année a été pour moi une bonne année, puisqu'elle a amené un rapprochement qui devait se faire tôt ou tard, et qui chez moi est déjà de l'amitié, et une sincère amitié.

Je vous serre les mains bien cordialement.

F. Ponsard.

Tout commentaire est superflu. Cette lettre est une abdication et un cri douloureux. Elle est la plus grande preuve de la sincérité littéraire de Ponsard : il valait mieux que ses œuvres.

Je crois avoir dit l'essentiel sur Vacquerie, journaliste et poète; je n'ai pas tout dit. Il me faut restreindre le portrait au cadre qui m'est tracé. J'aurais besoin d'écrire plus qu'une brochure comme celle qu'a faite sur le même sujet le grand poète anglais Swinburne, cité plus haut, un volume entier, à propos de trois ou quatre volumes. D'ailleurs, quand un homme est si engagé dans l'action, on perd à le raconter le temps qu'on emploierait mieux à le voir agir, en agissant avec lui, comme lui. S'il se repose jamais, ces notes serviront à son histoire.

III

L'homme, dans Vacquerie, l'homme physique comme l'homme intérieur, c'est le citoyen, c'est le poète même. Il est dans la vie, hors du combat, ce qu'il est dans son journal, dans ses livres, au théâtre, droit et simple, toujours en verve pour la lutte, toujours stoïque pour la résistance. Il n'a jamais dévié; mais il n'a jamais eu l'impatience de devancer les autres ni la peur d'être devancé. Il a été, depuis *l'Enfer de l'Esprit* jusqu'à l'article paru ce matin même, du même pas ferme, bien rythmé, vers tous les sommets que la pensée et que l'art illuminaient; il n'a jamais songé à ceux qu'il faut gravir par des échelles ou des tréteaux. Il a été en prison, en exil; il est un des premiers journalistes de ce temps-ci, un des rares écrivains, au jour la journée, dont on puisse recueillir les articles pour faire un volume philosophique et littéraire, comme on l'a fait sous ce titre, *Hier et Demain;* il a reconquis au théâtre la place qui lui était due; le succès ne l'a pas déridé plus que la persécution; il souriait autant à la Conciergerie que le soir de cette reprise glorieuse de *Jean Baudry;* mais il n'a jamais songé qu'un ruban rouge à sa boutonnière pût ajouter à son prestige; qu'il serait plus grand poète en se mesurant à l'Académie avec M. Maxime Du Camp, ou plus républicain en se faisant nommer sénateur ou député. Il n'a jamais été et ne sera jamais candidat à rien; c'est là son insatiable ambition.

A Jersey, il se fût trouvé heureux, sans les buées de l'empire qui arrivaient jusque-là, sans les douces odeurs de la terre natale qu'on ne respirait plus. Il tenait fièrement et doucement sa place à ce foyer où l'on tisonnait avec les fers des *Châtiments.*

Michelet lui écrivait, le 15 mai 1856 :

N'en doutez pas, cher ami, votre île, votre nid d'exilés, c'est le point sacré vers lequel les croyants se tournent en faisant leur prière. C'est la Casbah de la Mecque, le Caucase, notre Sainte-Hélène, à nous autres adorateurs du génie.

Voilà les brevets qu'il collectionne.

Quand il put revenir, il revint, pour continuer son devoir interrompu, comme s'il eût été à la veille du 2 décembre.

Il est cordial, sous une froideur qui est sa seule diplomatie, d'une sincérité tranchante dont l'acier opère, mais ne blesse pas, sûr dans les relations, fidèle à ses haines, invincible dans ses amitiés, gai dans l'intimité, comme les gens habituellement sérieux qui n'ont pas besoin de feindre la gravité, spirituel à outrance avec les gens d'esprit, silencieux avec les sots, ne se dépensant pas inutilement, et s'abandonnant à la sympathie intelligente, paraissant grand parce qu'il est maigre, avec une figure ascétique, ne démontrant par sa maigreur que son impossibilité d'engraisser.

Il dit tout en causant, comme s'il n'écrivait jamais, et il cause comme il écrit.

Ce fin lettré, ce Parisien, qui a gardé un peu

du gros accent de la Normandie, pourrait dire, avec Montaigne,

« Qu'il aime par-dessus tout un parler simple et naïf, tel sur le papier qu'à la bouche, un parler succulent et nerveux, court et serré, non pédantesque, non fratesque, non plaideresque, mais plutôt soldatesque. »

Le parler soldatesque préféré par Montaigne n'était pas le parler brutal des casernes; c'était le parler net du champ de bataille. A. Vacquerie est du régiment de Montaigne.

Ce batailleur obstiné pourrait être l'oisif, l'amateur de tableaux le plus exercé. Mais ne travaillant pas pour faire fortune, il trouverait absurde de ne plus travailler, parce qu'il n'est pas pauvre. Il a réglé sa vie, la trouve bien pour son honneur et pour son bonheur, et n'y veut rien changer. Ce qui n'appartient pas au journal, au théâtre, à la poésie, est à la famille. Il s'y laisse prendre tout entier.

Il vit avec ses neveux et nièces, petits-neveux et petites-nièces, dans un appartement confortable et sans prétention de la rue de Richelieu. Dois-je pousser l'exactitude du document jusqu'à donner le numéro de la maison et compter les marches de l'escalier? Ne me suffira-t-il pas, pour la vanité du *reportage*, de dire que la maison est à la base d'un triangle dont les deux angles de côté sont formés par la bibliothèque nationale et la fontaine Molière, ce qui est l'horizon symbolique d'un écrivain et d'un dramaturge, et dont la pointe du sommet est représentée par les bureaux du *Rappel?*

L'été, on se rend à Villequier, la terre natale, le domaine embaumé, au bord de la Seine, qui console des petites misères de Paris par la mélancolie des grands deuils dont il a le souvenir. C'est là, sous les cerisiers de sa jeunesse, que Vacquerie oublie de vieillir et entretient cette force, cette bonne humeur vaillante, cette verve, et aussi ce culte de la poésie qui donne tant de charme littéraire à sa polémique, une valeur durable aux articles en apparence les plus éphémères.

9 782019 970888